技工院校通用职业素质课程实验

交往与合作教案汇编

主　编　郑　静　牟　岩
副主编　焦莹莹
参　编　辜　丽　李兰兰　王林林　袁晓峰
周柳春　赵永红　张玉霞

中国劳动社会保障出版社

简介

本书是技工院校通用职业素质课程实验教材《交往与合作》的配套用书。本书紧扣教学要求，内容编制依照教材单元顺序展开，单元中的每一课有1~2个教案供教师参考。

本书由郑静、牟岩任主编，焦莹莹任副主编，辜丽、李兰兰、王林林、袁晓峰、周柳春、赵永红、张玉霞参加编写。

图书在版编目(CIP)数据

交往与合作教案汇编/郑静，牟岩主编. -- 北京：中国劳动社会保障出版社，2020
技工院校通用职业素质课程实验
ISBN 978-7-5167-4674-5

Ⅰ.①交… Ⅱ.①郑… ②牟… Ⅲ.①教案（教育）-汇编-技工学校 Ⅳ.①G718.1

中国版本图书馆 CIP 数据核字(2020)第173890号

中国劳动社会保障出版社出版发行

（北京市惠新东街1号 邮政编码：100029）

*

北京虎彩文化传播有限公司印刷装订 新华书店经销

787毫米×1092毫米 16开本 3.25印张 59千字

2020年11月第1版 2022年8月第5次印刷

定价：10.00元

读者服务部电话：（010） 64929211/84209101/64921644

营销中心电话：（010） 64962347

出版社网址：http://www.class.com.cn

http://jg.class.com.cn

版权专有 侵权必究

如有印装差错，请与本社联系调换：（010） 81211666

我社将与版权执法机关配合，大力打击盗印、销售和使用盗版图书活动，敬请广大读者协助举报，经查实将给予举报者奖励。

举报电话：（010） 64954652

目　录

第一单元　建立良好人际关系

第一课　提高自身礼仪修养教学设计

<table>
<tr><td>教学单元/课</td><td colspan="3">第一单元第一课　提高自身礼仪修养</td><td>授课
教师</td><td>张玉霞</td></tr>
<tr><td rowspan="2">教学对象</td><td>授课专业</td><td>授课班级</td><td>学生人数</td><td colspan="2">课时</td></tr>
<tr><td>文秘</td><td>19 文秘 1 班</td><td>50</td><td colspan="2">2</td></tr>
<tr><td>教学资源</td><td colspan="5">教材、案例、影视、图片、课件等</td></tr>
<tr><td rowspan="2">教学内容
分析</td><td>使用的教材</td><td colspan="4">《交往与合作》</td></tr>
<tr><td>地位与作用</td><td colspan="4">第一课是本书的基础，礼仪知识的介绍贯穿整个单元及整本书</td></tr>
<tr><td>学情分析</td><td colspan="5">1. 一年级第二学期的学生，通过通用职业素质部分课程和文秘基础理论课程的学习，已经掌握了基本学习方法和礼仪的基本知识
2. 学生热情好胜，乐于竞争，欠缺认真细致、精益求精的态度。将要面临到学院部分行政岗位实训的任务，对实训生活充满期待和好奇</td></tr>
<tr><td>教学目标</td><td colspan="5">1. 掌握礼仪的基本要求及着装的基本知识
2. 在不同场合做到得体着装、适度妆饰，展现良好的仪态，熟练使用与人交谈的方法
3. 了解礼仪的重要性，建立学习礼仪的兴趣和信心</td></tr>
<tr><td rowspan="2">教学重难点</td><td>教学重点</td><td colspan="4">熟练应用着装及握手的基本知识和有效交谈的方法</td></tr>
<tr><td>教学难点</td><td colspan="4">运用礼仪的基本知识进行不同情境的礼仪设计</td></tr>
<tr><td rowspan="2">教法学法</td><td>教学方法</td><td colspan="4">任务导向、案例分析、启发引导、讲解示范</td></tr>
<tr><td>学习方法</td><td colspan="4">合作探究、实践演练</td></tr>
</table>

续表

<table>
<tr><th colspan="6">教学过程</th></tr>
<tr><th colspan="2">教学环节</th><th>时间</th><th>教师活动</th><th>学生活动</th><th>设计意图</th></tr>
<tr><td>课前</td><td>布置课前作业</td><td></td><td>云班课教学平台发布任务：以小组为单位准备着装、妆饰，以及基本礼仪动作的展示。课堂完成展示任务，并进行评比。可参照学校礼仪操的相关动作
1. 任务内容：我们公司名______，是一家经营______的公司。在领导________（姓名）的带领下，公司业绩取得了很大的进步。最近，我们公司将举行“我们的工作风采”展示活动，以文字、图片、视频以及现场表演的方式对公司各部门员工的风采进行展示。为了能在这次活动中充分地展示我们秘书部门各小组的风采，请大家务必全力以赴。我们特推举______为组长，安排各秘书小组的工作
2. 任务要求：
（1）明确公司业务性质，按要求准备秘书着装、妆饰及礼仪动作，拍照记录小组练习过程
（2）在课堂上进行3分钟风采展示，并进行评比。小组讲解员需要解说公司名称、性质，以及着装、妆饰和礼仪动作设计意图。各组提前画好妆容，并带好相关服饰</td><td>1. 以团队合作形式选定公司业务性质，确定公司名称
2. 选择适合公司业务性质的秘书职业着装，进行服饰及妆饰的知识自学，并进行搭配练习
3. 讲解员记录过程，准备好讲解稿</td><td>引导学生完成协作和探析</td></tr>
<tr><td>课中</td><td>1. 导入新课</td><td>5分钟</td><td>任务导入：“人无礼则不立，事无礼则不成，国无礼则不宁”，礼仪既是修身的行为规范，也是重要道德规范，今天我们来一起开启“提高自身礼仪修养”的大门
简要复述课前任务，明确任务内容。播放视频《穿普拉达的女王》中关于秘书着装的片段，提出问题：刚离开校门的女主从初入职场的迷惑到从自身出发寻找问题的根源，最后成为了一个出色的职场达人，在仪容、着装和仪态上有哪些变化？</td><td>思考教师提出的问题并回答，答对即可抽牌一次
课代表做好加分记录</td><td>启发学生探究礼仪的重要性</td></tr>
</table>

续表

教学环节		时间	教师活动	学生活动	设计意图
课中	2. 尝试探究	20分钟	尝试探究：仪容及仪态的基本要求 播放仪容仪态微课，请各小组用思维导图的形式完成知识探究：仪容及仪态的基本要求。思维导图中必须包含着装的基本原则，以及握手和交谈的基本要求。教师对思维导图评分	学生完成知识的归纳总结，完成思维导图	引导学生进行基本知识的归纳总结
	3. 任务成果展示	50分钟	“纸上得来终觉浅，绝知此事要躬行”，接下来我们请各组进行课前任务展示的准备（20分钟），然后各组进行风采展示（每组3分钟），课代表协助教师发放评分表给各组 评分细则： 1. 介绍内容清晰10分 2. 交谈、握手时礼节恰当30分 3. 着装整齐，具备良好精神风貌30分 4. 仪容（发型、妆容、指甲等）得体、干净、干练30分	1. 分组进行风采展示 2. 按照评分细则对其他组进行评分	通过具体情境的任务探索突破难点
	4. 课堂评价	8分钟	1. 教师请课代表协助收集评分表，核算加权平均分 2. 教师根据各组情况适当点评	1. 学生互评 2. 个别学生谈任务展示的感悟和观看其他组展示的收获	客观评价，强化效果
	5. 总结回顾	5分钟	我国素来被称为“礼仪之邦”，良好的礼仪修养不仅适用于职场，也适用于日常生活，希望同学们能不断提高礼仪修养，做新时代中国特色社会主义事业的合格建设者和接班人	1. 学生回顾知识 2. 思考本课带给自己的启发	巩固知识，升华主题
课后	作业布置		复习第一课内容，完成课后练习第二题，编写一个剧本，涉及着装、交谈、握手的技巧，拍成视频，上传云课堂	课后编写剧本，巩固知识	学生在实践体验中提高礼仪修养

第二课　敲开人际关系的大门教学设计

教学单元/课	第一单元第二课　敲开人际关系的大门			授课教师	辜丽
教学对象	授课专业	授课班级	学生人数	课时	
	建筑施工	19 建工三年制班	60	2	
教学资源	教材、PPT、网络视频、白板等				
教学内容分析	使用的教材	《交往与合作》			
	地位与作用	第一印象是人际交往中的名片，通过理论联系实际，让学生树立正确理念，建立良好人际关系			
学情分析	1. 2019 级三年制学生，建筑施工专业，学习了一个学期的通用职业素质课程，有一定的理解能力、自学能力，对人际交往有热情，希望被认可，有很强的表现力 2. 学生对问题缺乏深入的分析，概括归纳的能力不足。学习习惯不好，对枯燥的理论知识不太感兴趣。虽然有一定自学能力，但自律性差，需要监督完成学习任务				
教学目标	1. 复述第一印象重要性 2. 运用妥当的方法给他人留下良好的第一印象，初步建立良好的人际关系 3. 减轻面对人际交往时的紧张无措感，开启交往的大门				
教学重难点	教学重点	熟练运用给他人留下良好第一印象的方法			
	教学难点	在实际生活当中，运用合适的方法和技巧，给他人留下良好的第一印象			
教法学法	教学方法	情景模拟、任务驱动、视频教学、案例分析			
	学习方法	小组讨论、头脑风暴、角色扮演			

教学过程

教学环节		时间	教师活动	学生活动	设计意图
课前	布置课前作业		教师把学习任务发到云班课教学平台，学生进行课前预习	提前预习，思考问题： 1. 你认为在与人交往中，第一印象重要吗？ 2. 第一印象为什么重要？ 3. 如何树立良好的第一印象？	锻炼学生的自我学习能力，熟悉课本内容

续表

教学环节		时间	教师活动	学生活动	设计意图
课中	1. 组织教学	3 分钟	1. 师生问好 2. 发起云班课签到	1. 师生问好 2. 云班课签到	了解学生到课情况
	2. 导入	15 分钟	组织两组学生分角色表演课本中的案例，引导学生从直观的角色扮演中感受李爷爷没有给晓华开门的原因	学生进行案例情景再现，并思考：为什么晓华请求开门会被拒绝？小组讨论后，用白板展示讨论结果	激发学生的学习兴趣，从情景体验中找出答案
	3. 讲授	10 分钟	讲授什么是首因效应，以案例形式引导学生了解首因效应，了解其重要性 观看视频《流浪汉的逆袭》	理论联系实际，了解第一印象的重要性，观看视频，加深理解	教师引导学生联系实际，了解什么是首因效应
	4. 头脑风暴	10 分钟	案例分析，提出问题，进行头脑风暴。讲授“73855”原则	结合书上黄芳的案例，进行思考：得体的衣着打扮就一定能给对方留下良好的第一印象吗？	结合案例，让学生了解人际交往原则
	5. 案例分析	10 分钟	组织两组学生分角色扮演课本中徐正航的案例，引导学生从直观的角色扮演中找出问题所在，并进行案例改写	进行角色扮演、案例改写，总结问题，解决问题	从情景体验中发现问题，通过案例改写，自主解决问题
	6. 拓展活动	40 分钟	从哪些方面来树立良好的第一印象呢？提出方法和技巧，做重点分析 1. 拓展游戏：自我介绍接龙 要求：（1）介绍自己的姓名、年龄、家乡等。（2）后面一个人必须先重复前面一个人的姓名后方可进行自我介绍。（3）不能说出前面同学信息的人将被淘汰，看哪个组接龙最长	以小组为单位完成拓展活动，分享心得	归纳出树立良好第一印象的方法，做重点分析。用游戏的方法让学生意识到记住别人名

续表

教学环节		时间	教师活动	学生活动	设计意图
课中	6. 拓展活动	40 分钟	2. 练习微笑、问好，展现得体举止。设计情景如下： （1）在校园内遇到老师 （2）在求职应聘的现场 （3）在朋友生日的聚会 3. 观看视频《倾听技巧》，学习运用“SOFEN”技巧	以小组为单位完成拓展活动，分享心得	字的重要性。观看视频，引导学生思考，突出教学重点
	7. 总结点评	10 分钟	总结卡耐基人际交往的六条途径，回顾课堂内容，引导学生完成学习过程记录表	归纳知识点，完成学习过程记录表	回顾课程内容，点评各组表现，对不足之处提出意见建议
	8. 作业布置	2 分钟	总结课堂知识点，概括要点，制作思维导图	课后完成思维导图	加深理解
课后	规范自我		在生活、学习中，要求学生能够学以致用	规范自我，相互监督，共同提升	学以致用，提升自我

第三课　增进和维护人际关系教学设计

<table>
<tr><td>教学单元/课</td><td colspan="3">第一单元第三课　增进和维护人际关系</td><td>授课教师</td><td>焦莹莹</td></tr>
<tr><td rowspan="2">教学对象</td><td>授课专业</td><td>授课班级</td><td>学生人数</td><td colspan="2">课时</td></tr>
<tr><td>文秘</td><td>19 技师 1 班</td><td>38</td><td colspan="2">2</td></tr>
<tr><td>教学资源</td><td colspan="5">教材、案例、影视、图片、课件等</td></tr>
<tr><td rowspan="2">教学内容分析</td><td>使用的教材</td><td colspan="4">《交往与合作》</td></tr>
<tr><td>地位与作用</td><td colspan="4">第三课是本书的重要一课，结合生活实例、课堂训练等形式提升增进和维护人际关系的能力</td></tr>
<tr><td>学情分析</td><td colspan="5">1. 一年级第二学期的学生，通过通用职业素质部分课程和文秘基础理论课的学习，已经掌握了基本学习方法和礼仪的基本知识
2. 学生年轻好胜、热情冲动，有时欠缺说话和做事的分寸感。即将进入实习岗位，对实训生活中的人际关系充满好奇和紧张</td></tr>
<tr><td>教学目标</td><td colspan="5">1. 树立“增进和维护人际关系，关键在自己”的意识，掌握人际交往互惠互利原则
2. 认识到增进和维护人际关系的重要性，树立“共赢心态”，培养自身言行一致、尊重他人的良好品质</td></tr>
<tr><td rowspan="2">教学重难点</td><td>教学重点</td><td colspan="4">掌握言行一致、尊重他人以及互惠互利原则的具体内容</td></tr>
<tr><td>教学难点</td><td colspan="4">运用理论知识处理现实生活中遇到的人际关系问题</td></tr>
<tr><td rowspan="2">教法学法</td><td>教学方法</td><td colspan="4">任务导向、案例分析、情景体验</td></tr>
<tr><td>学习方法</td><td colspan="4">实践演练</td></tr>
</table>

续表

教学过程					
教学环节		时间	教师活动	学生活动	设计意图
课前	布置课前作业		云班课教学平台发布任务 1. 任务内容： 以小组为单位，寻找与“言行一致”“尊重他人”“互惠互利”有关的故事等 2. 任务要求： （1）每个小组针对每个主题各准备一个故事。展示形式不限，表演、演讲、播放视频等均可 （2）下次课课堂，每个小组现场抽取一个主题，进行5分钟主题展示，并进行评比。小组讲解员要讲明故事蕴含的深意	1. 通过翻阅书籍、查询网站等途径，搜寻与“言行一致”“尊重他人”“互惠互利”有关的故事 2. 选择适合的展示形式，向同学讲述故事 3. 讲解员准备好故事引申内容讲解稿	引导学生完成信息搜集和整理，培养团队协作意识
课中	1. 导入新课	15分钟	任务导入：俗话说“日久见人心”，第一印象固然重要，但是在人际交往中，只有接触时间稍长，才能慢慢看出对方值不值得深入交往。接下来，我们就一起来学习一些增进和维护人际关系的“法宝”。 案例导入：教材P39～40“不靠谱”的李刚	讨论并回答：组长汇总小组成员对李刚“不靠谱”的行为列举，向全班同学分享。有几条加几分。课代表做好加分记录	启发学生探究增进和维护人际关系的重要性
	2. 任务成果展示	30分钟	“纸上得来终觉浅，绝知此事要躬行。”接下来请各组进行课前任务展示的准备。展示前请组长上前抽取要展示的主题内容，每组一个主题，然后分组进行展示（每组5分钟），课代表协助教师发放评分表给各组 评分细则： 1. 主题清晰，内容无误20分 2. 展示者仪态大方，仪容仪表妥当30分 3. 展示形式吸引人，道具准备到位30分 4. 讲解员陈述引申含义清晰，与本课主题契合20分	1. 分组进行展示 2. 按照评分细则对其他组进行评分	通过上台展示，帮助同学们树立“言行一致”“尊重他人”等意识

续表

<table>
<tr><th colspan="2">教学环节</th><th>时间</th><th>教师活动</th><th>学生活动</th><th>设计意图</th></tr>
<tr><td rowspan="3">课中</td><td>3. 情景体验：“优点大轰炸”</td><td>20 分钟</td><td>在“尊重他人”“互惠互利”主题里，同学们提到了如“换位思考”“求同存异”“真诚赞美”“宽容接纳”“互帮互助”等这些很好的人际关系“润滑剂”。为了帮助同学们进一步体会相互尊重、彼此接纳、真诚赞美带来的愉悦感，我们来做一个“优点大轰炸”活动
活动要求：
1. 小组成员轮流发言，讲述其中一位组员身上的优点。不发言的成员要认真听别人的发言，每人都要被其他组员夸一遍优点
2. 其他人讲述一个组员的优点时，该组员只要听，不必表示感谢，也不可因为别人讲述不够准确而有不当行为
3. 学生活动过程中，教师巡视</td><td>1. 认真找寻每一位组员身上的优点，真诚地赞美对方
2. 数一数同伴为自己找到了几条优点</td><td>通过真实体验，让每一名学生感受到相互尊重、真诚赞美带来的愉悦，提升自信</td></tr>
<tr><td>4. 学生活动总结</td><td>5 分钟</td><td>引导学生分享活动体验，总结收获</td><td>1. 同学谈参加活动的感受
2. 结合本课知识点，说说具体有哪些收获</td><td>客观评价，强化体验效果</td></tr>
<tr><td>5. 教师点评</td><td>10 分钟</td><td>通过刚才的“优点大轰炸”活动，相信大家都感受到了“真诚的赞美”带给彼此的温暖和积极的力量。我们再来梳理一下如何让你的赞美入心、暖心：
1. 赞美时态度真诚，发自内心
2. 赞美时面带微笑，注视对方，具体说明对方的优点
3. 接受他人赞美后要给予积极反馈</td><td></td><td>总结提升，强化知识点</td></tr>
</table>

续表

教学环节		时间	教师活动	学生活动	设计意图
课中	6. 总结回顾	6分钟	维护和增进人际关系，关键在自己。无论何时，我们都要注意以良好的基本素养去处理人际关系。希望同学们继续保持诚实守信的好品质，学会在说话和办事时把握分寸，成为一个尊重他人、设身处地为他人着想的“高情商”学生	1. 学生回顾知识 2. 反思总结	巩固知识，升华主题
课后	作业布置		复习第三课内容，完成课后练习第二题，编写一个剧本，内容涉及言行负责、真诚赞美、互惠互利等某一方面的知识，拍成视频，时长不超过3分钟，上传云课堂	课后编写剧本、拍视频，巩固知识	学生在实践中进一步体会增进和维护人际关系的原则

第四课　处理人际关系冲突教学设计

<table>
<tr><td colspan="2">教学单元/课</td><td colspan="4">第一单元第四课　处理人际关系冲突</td><td>授课教师</td><td>焦莹莹</td></tr>
<tr><td colspan="2" rowspan="2">教学对象</td><td colspan="2">授课专业</td><td colspan="2">授课班级</td><td>学生人数</td><td>课时</td></tr>
<tr><td colspan="2">数控技术</td><td colspan="2">19 高技 2 班</td><td>45</td><td>2</td></tr>
<tr><td colspan="2">教学资源</td><td colspan="6">教材、案例、影视、课件等</td></tr>
<tr><td colspan="2" rowspan="2">教学内容分析</td><td colspan="2">使用的教材</td><td colspan="4">《交往与合作》</td></tr>
<tr><td colspan="2">地位与作用</td><td colspan="4">第四课介绍了化解人际关系冲突的基本方法，有利于提升学生化冲突为关系改善契机的能力</td></tr>
<tr><td colspan="2">学情分析</td><td colspan="6">1. 一年级第二学期的学生，通过学习提高自身礼仪修养、增进和维护人际关系等课程，已具备一定的人际交往理论知识
2. 学生易被激怒，控制情绪能力较弱。面对实习后更加复杂的人际关系、人际冲突，感到无助和恐惧</td></tr>
<tr><td colspan="2">教学目标</td><td colspan="6">1. 学习情绪控制的方法
2. 合理控制情绪，化解已有冲突
3. 换位思考，学会共情和倾听</td></tr>
<tr><td colspan="2" rowspan="2">教学重难点</td><td colspan="2">教学重点</td><td colspan="4">掌握情绪控制的方法、高效沟通的步骤</td></tr>
<tr><td colspan="2">教学难点</td><td colspan="4">情绪控制方法和高效沟通步骤在实际冲突中的应用</td></tr>
<tr><td colspan="2" rowspan="2">教法学法</td><td colspan="2">教学方法</td><td colspan="4">任务导向、案例分析、情景体验</td></tr>
<tr><td colspan="2">学习方法</td><td colspan="4">小组讨论、角色扮演</td></tr>
<tr><td colspan="8">教学过程</td></tr>
<tr><td colspan="2">教学环节</td><td>时间</td><td colspan="2">教师活动</td><td colspan="2">学生活动</td><td>设计意图</td></tr>
<tr><td>课前</td><td>布置课前作业</td><td></td><td colspan="2">云班课教学平台发布任务：
1. 任务内容：
拍摄个人表情“九宫格”照片并上传
2. 任务要求：
（1）每名同学自拍 9 张表情照，涵盖不同情绪
（2）准备在课堂现场抽取 10 人的表情照展示，并邀请同学阐述在何种情形下会产生该表情</td><td colspan="2">1. 自拍照片，了解不同情绪在面部表情的体现
2. 上传照片</td><td>引导学生认识自身情绪，思考如何表达情绪</td></tr>
</table>

续表

教学环节		时间	教师活动	学生活动	设计意图
课中	1. 导入	15 分钟	在人际交往中，并不是我们自己做好了，就“万事大吉”。只要有人群的地方，就必然存在各式各样的冲突。人际关系冲突是十分普遍的现象。同学们不必害怕，也不要逃避，合理处理冲突，不仅能维护良好人际关系，还能成为改善关系的契机。下面，就让我们一起看一下王佳怡的做法（课本 P56 案例）	讨论并回答： 1. 王佳怡决定是否原谅林甜甜的判断标准是什么？ 2. 选择原谅感到安心、开心的仅仅是对方吗？选择原谅对彼此都有哪些好处？（课代表做好加分记录）	启发学生探究发生冲突时控制情绪的重要性和原谅他人的判断标准
	2. 展示表情包“九宫格”	30 分钟	在课前作业里，让大家了解情绪并拍摄了属于自己的表情包“九宫格”。接下来，我们随机选取 10 名同学上台展示并讲解他们的表情包 台下的同学也一同体会一下，在同样的情境下一个人还会有哪些情绪表现。展示结束后，大家通过投票环节，评选出获得“最佳情绪展示奖”的 3 名同学	1. 10 名学生上台展示情绪图片，并说明在何种情境下会产生该表情 2. 班级其他同学通过平台设置的投票环节，选出获得“最佳情绪展示奖”的 3 名同学	通过自拍表情，促使学生们关注自身情绪，并学会表达情绪，为后期的情绪控制奠定基础
	3. 活动体验“高效沟通”	30 分钟	情绪得到有效控制，才便于下一步冲突的解决。解决冲突自然离不开沟通。想一想，除了“打冷战”和“嘶吼风”这两类沟通方式，还有没有更高效的沟通方式呢？下面，让我们来演练一下 以下是五种不同情境下的冲突。分组后，每组组长抽取一种冲突情境，然后与组员商讨，用情景剧的方式表演出如何更高效地解决冲突 1. 具体要求如下： （1）小组准备时间 10 分钟 （2）上台表演时间控制在 3～5 分钟，超时扣分 （3）表演组上台时，其他组根据评分表进行打分 （4）评选出“最佳高效沟通奖” 2. 评分标准如下： （1）冲突表现到位，人物情绪饱满 30 分 （2）情绪处理得当，沟通交流有效 40 分 （3）冲突解决，效果良好，双方都有反思 30 分 （4）超时扣分，每超 1 分钟扣 10 分；表演时间不足 3 分钟，扣 20 分	按照高效沟通的四个步骤，结合情境演绎出解决冲突的过程	通过真实体验，帮助学生思考如何高效沟通，如何处理现实中的冲突

续表

教学环节		时间	教师活动	学生活动	设计意图
课中	4. 学生活动总结	5分钟	引导学生分享活动体验，总结收获	1. 谈参加活动的感受 2. 反思总结在冲突解决过程中还存在哪些沟通不足	通过实践演练，提升团队协作意识及高效沟通的技能
课中	5. 教师点评	5分钟	通过情景演绎，同学们处理现实中的人际冲突时还略显青涩。老师总结了在高效沟通上的小口诀： 沟通首先会倾听，不是一人在说教。沟通氛围很重要，轻松和谐才愿聊。换位思考同理心，坦诚交流见成效。沟通目的要唯一，形成协议才达标		归纳高效沟通的注意要点，点评学生在实际沟通中易忽视的问题
课中	6. 总结回顾	3分钟	人际冲突十分普遍。当冲突发生时，首先要稳住我们的情绪，切不可在冲动不理智的情况下做决定。发生冲突不可怕，心平气和面对它，能把干戈化玉帛，你的本事才叫大	1. 回顾知识 2. 思考本课收获	巩固知识，升华主题
课后	作业布置		复习第四课内容，完成课后作业：回想你曾经在生活、学习、工作中遇到的一次人际关系冲突，当时是否处理得当了？当时是如何处理的，结果如何？如果换一种方式，你又会如何解决？写一篇名为《如果时间能够倒回……》的作文，字数不少于800字，写完后上传	结合亲身经历，书写反思文章，给自己一个对话自己的机会	学生在反思中，以冷静客观的视角审视冲突，反思如何更好地解决冲突

第五课　保护自己和他人教学设计

<table>
<tr><td>教学单元/课</td><td colspan="3">第一单元第五课　保护自己和他人</td><td>授课
教师</td><td>焦莹莹</td></tr>
<tr><td rowspan="2">教学对象</td><td>授课专业</td><td>授课班级</td><td>学生人数</td><td colspan="2">课时</td></tr>
<tr><td>机电设计
维修与管理</td><td>19 技师 4 班</td><td>34</td><td colspan="2">2</td></tr>
<tr><td>教学资源</td><td colspan="5">教材、问卷、案例、课件、彩笔、A4 纸等</td></tr>
<tr><td rowspan="2">教学内容
分析</td><td>使用的教材</td><td colspan="4">《交往与合作》</td></tr>
<tr><td>地位与作用</td><td colspan="4">第五课是本书第一单元最后一课，启发学生思考在保护好自己的同时，也保护好他人，从而使双方关系持久且向积极的方向发展</td></tr>
<tr><td>学情分析</td><td colspan="5">1. 一年级第二学期的学生，经过前四课的学习与实践，已掌握人际交往所需的基本礼仪、维护人际关系的基本原则及技巧
2. 学生对人性的判断和思考还不成熟，交友有时过度注重利益的获取，在人际交往中缺乏独立性</td></tr>
<tr><td>教学目标</td><td colspan="5">1. 掌握交友中取舍的原则
2. 保护自己和他人，学会“及时止损”
3. 加深对人际关系的理解，改变人际交往功利化的思维方式</td></tr>
<tr><td rowspan="2">教学重难点</td><td>教学重点</td><td colspan="4">有选择、有原则地交往；保持内心独立，学会“及时止损”</td></tr>
<tr><td>教学难点</td><td colspan="4">在对人性深刻认识的基础上，对人际交往对象做出取舍，保持自我，保护自己和他人</td></tr>
<tr><td rowspan="2">教法学法</td><td>教学方法</td><td colspan="4">问卷调查、案例分析、情景体验</td></tr>
<tr><td>学习方法</td><td colspan="4"></td></tr>
</table>

续表

教学过程					
教学环节		时间	教师活动	学生活动	设计意图
课前	布置课前作业		云班课教学平台发布问卷调查： 1. 问卷内容：问卷（附件） 涵盖 6 个问题，用时 10 分钟左右填写完问卷 2. 任务要求： 要求同学们在下次上课前完成问卷调查	完成问卷调查	了解、分析该班级学生维系人际关系所花费的时间，以及维系人际关系的感受，引导学生思考维系人际关系的投入与产出比例是否合理、什么是朋友以及是否赞同“为人际交往‘做减法’”的理念
课中	1. 导入新课	15 分钟	导入： 在课前，我们设计了一个小问卷，内容包含了你的通信录里有多少人、经常联系的有几人等问题。下面我们先来看一下从问卷中反映出来的一些问题： 1. 联系人数量多，可知心的却没几个 2. 维系人际关系，花费了大量的精力，效果却不如意，有挫败感 3. 对“朋友”的定义有些狭隘，缺乏理智客观的评判 ………… （根据学生实际作答情况总结） 这堂课，我们来讲述“保护自己和他人”，让大家学会有选择、有原则地与人交往；既要保持内心独立，不成为他人的附属品，也要学会“及时止损”，对自己和他人负责	展开对人际交往的深层次思考	结合问卷数据，引导学生意识到他们对人际关系的认知还有不合理、不成熟之处，引发学生深层次的思考

续表

教学环节		时间	教师活动	学生活动	设计意图
课中	2. 活动体验：画画我的“朋友圈”	20分钟	在课前问卷里，我们浏览了一下自己的通信录，思考了一些问题，多少有了些体会。接下来，我们用手画一画自己的“朋友圈”，给你的朋友分分类，比个心 要求：根据自己通信录里的人数，大体做一个分类，用不同颜色的图形表示出来。鼓励学生发挥想象力，画出有创意的“朋友圈”分类图	画“朋友圈”分类图	进一步引导学生对自己的交友类型做深层次分析，学会对人际交往对象进行分类，提升对“有选择地交往”的感性认知
	3. 学生交流分享	10分钟	邀请5~8位同学上台做分享，谈体会	展示绘画作品，谈体会	引导学生对“朋友”做深层次的概念定义，通过绘图对朋友圈做分层，知晓人际交往要分出轻重，必要时候做“减法”
	4. 教师点评	15分钟	同学们分享的都很好，老师把大家的分享用几句顺口溜总结了一下：朋友贵精不在多，数字不过是迷惑；分清主次做减法，删去百人又如何；不成他人附属品，独一无二最难得；人生路上知己伴，笑看他人瞎忙活		提炼重点，巩固新知
	5. 活动体验：“我是谁”	10分钟	要做“独一无二的我”可不是件容易事。“我是谁，从哪里来，要去哪里”，这经典的哲学三问难倒了不少人。不信，我们再来试一试 发放问卷（附件），限时填写	填写问卷	帮助学生剖析自我

续表

教学环节		时间	教师活动	学生活动	设计意图
课中	6. 学生分享、教师总结	15 分钟	中国有句古话，叫“知人者智，自知者明”。认识自我之所以是件困难的事情，是因为：其一，人对自己心理活动的测量不能像测量血压、身高一样有一个完全客观的尺度；其二，人对自身的认识往往缺乏全面性，容易产生“当局者迷”的情况 人际交往中如果不能清楚地认识自我，坚守自己的原则，就很容易迷失自我。因此，人与人交往中要有边界感，保持相互独立，就像冬天里两只相互取暖的小刺猬，只有不断磨合、不断尝试，找到彼此合适和舒适的距离，才能相互取暖 人际交往中，如果遇到无法沟通、难以相处的人，也要学会放弃。并不是每个人都适合深入交往。“学会放弃”也是对自己和他人的一种保护	1. 分享活动体验 2. 总结自己的收获	巩固知识，升华主题
课后	作业布置		复习第五课内容，完成课后练习第二题，自选一个主题（从“有选择地交往”“坚持原则与适度妥协”“保持相互独立”和“学会放弃”中选一个），拍摄 3 分钟的视频并上传	完成课后作业	学生在实践体验中巩固新知，形成能力

附 件

小小通信录，内含大学问

亲爱的同学们，在开始“保护自己和他人”这堂课之前，我们先来做一下小调查，看看在你的小小通信录里，暗藏着什么大学问。

1. 此刻，请查看你的手机通信录，联系人共有（ ）人。

2. 你经常联系的人，大约有（ ）人。

3. 你每天花在人际关系维系上的时间为（ ）？

A. 不到 1 小时　　B. 1~2 小时　　C. 3 小时以上

4. 你是否有过这样的体会，真遇到事情了，翻遍通信录却发现没有能拨出去的号码？

5. 如果你在人际关系维系上花费了大量精力，效果如何？如果得不偿失，你是否考虑过为人际交往“做减法”，请具体说明“做减法”的理由和措施。

6. 你对“朋友”的定义：________________________________。

我 是 谁

班级____________　　姓名____________　　学号________________________

这是心理学家了解一个人自我意识的“二十问”法。请根据自己的情况，在 6 分钟内很快地完成 20 个句子，不必考虑其中的重要性和逻辑关系。

1. 我是________________的人。　　2. 我是________________的人。
3. 我是________________的人。　　4. 我是________________的人。
5. 我是________________的人。　　6. 我是________________的人。
7. 我是________________的人。　　8. 我是________________的人。
9. 我是________________的人。　　10. 我是________________的人。
11. 我是________________的人。　　12. 我是________________的人。
13. 我是________________的人。　　14. 我是________________的人。
15. 我是________________的人。　　16. 我是________________的人。
17. 我是________________的人。　　18. 我是________________的人。
19. 我是________________的人。　　20. 我是________________的人。

第二单元　实现高效合作

第一课　什么是团队合作教学设计

<table>
<tr><td>教学单元/课</td><td colspan="3">第二单元第一课　什么是团队合作</td><td>授课教师</td><td>周柳春</td></tr>
<tr><td rowspan="2">教学对象</td><td>授课专业</td><td colspan="2">授课班级</td><td colspan="2">学生人数</td></tr>
<tr><td>文秘</td><td colspan="2">19 文秘 1 班</td><td>50</td><td>课时
2</td></tr>
<tr><td>教学资源</td><td colspan="5">教材、多媒体课件、教学任务书、微课、微信讨论群等</td></tr>
<tr><td rowspan="2">教学内容分析</td><td>使用的教材</td><td colspan="4">《交往与合作》</td></tr>
<tr><td>地位与作用</td><td colspan="4">团队建设是团队合作的根基，具有举足轻重的地位。本课是第二单元的开篇课，为后续课程的开展起铺垫作用</td></tr>
<tr><td>学情分析</td><td colspan="5">1. 学生刚从初中来本校，对团队的概念理解不够到位，小组合作的意识不强
2. 学生讨厌理论学习，缺少学习兴趣，学习能力参差不齐，但性格活泼，思维活跃，乐于表现</td></tr>
<tr><td>教学目标</td><td colspan="5">1. 复述建立有效团队的方法
2. 运用适当的技巧建立团队
3. 初步具备团队精神和合作的意识</td></tr>
<tr><td rowspan="2">教学重难点</td><td>教学重点</td><td colspan="4">运用适当的技巧建立团队</td></tr>
<tr><td>教学难点</td><td colspan="4">团队分析及成员定位</td></tr>
<tr><td rowspan="2">教法学法</td><td>教学方法</td><td colspan="4">讲练结合、引导文教学、任务驱动、巡回指导</td></tr>
<tr><td>学习方法</td><td colspan="4">自主探究、小组合作、归纳总结等</td></tr>
</table>

续表

教学过程					
教学环节		时间	教师活动	学生活动	设计意图
课前	1. 观看微课 2. 观看关于团队的两个小视频		1. 将贝尔宾测试的操作方法录制成微课，让学生们先行观看 2. 让学生观看关于团队的两个小视频（也可以在课堂上现场播放）	观看微课、小视频并进行思考	让学生先行了解贝尔宾测试
课中	1. 引导问题及分析	20 分钟	1. 向学生提问：什么是团队？团队的重要性如何？如何建立高效的团队？学生每答对 1 题抽牌 1 张，进行积分 2. 点评团队与团队的重要性，从而导入贝尔宾测试的知识点，为建立高效的团队做好铺垫	通过查阅教材、网络资源等初步认识什么是团队，团队的重要性是什么，以及如何建立高效的团队	通过问题引领和加分机制，激起学生学习的热情，并为完成任务打下基础
	2. 布置任务	3 分钟	1. 布置任务：用贝尔宾测试合理分析和建立团队 2. 发放任务书——《贝尔宾团队角色自测问卷》（附件）	1. 认真听老师布置任务 2. 接收任务书，准备开始任务	让学生知道要做什么
	3. 完成任务	30 分钟	1. 老师讲解具体填写方法，点评协调者（CO：coordinator）、创新者（PL：plant）、塑造者（SH：shaper）、协作者（TW：team worker）、完善者（FI：completer finisher）、贯彻者（CW：company worker，or implementer）、资源调查者（RI：resource investigator）、监督评价者（ME：monitor evaluator）的性格特征和适合担任的团队角色。同时说明：很少有人只有一种特征，大多数人都是同时具有多种特征，但一般有两到三种特征比较突出 2. 巡回指导学生完成问卷的填写	1. 认真听老师讲解具体填写方法并提出有关疑问 2. 快速填写问卷	通过贝尔宾测试更准确地分析出每个人的性格特征

续表

教学环节		时间	教师活动	学生活动	设计意图
课中	4. 成果展示	10分钟	找出6个协调者，并与学生一起将有关成员进行组队	1. 完成测试后，配合老师将CW、CO、SH、PL、RI、ME、TW、FI中得分最高的3个圈起来并进行排列 2. 分析自己性格特征，找到在团队里属于自己的角色位置	帮助学生更准确地找到适合的工作职位或在团队可担任的角色，为下一步合理组建团队奠定坚实的基础
	5. 课堂评价	8分钟	1. 发放学生课堂评价表 2. 统计学生加分情况 3. 进行适时的课堂评价和总结	1. 接收学生课堂评价表并填写 2、统计本组加分 3. 听取老师和同学的建议或意见	进行总结反思，形成你追我赶的学习氛围
	6. 作业布置	2分钟	1. 布置作业：团队成员之间如何建立信任并实现共赢 2. 提出作业要求：可以将作业用视频或思维导图呈现，下次课选派代表上台展示	1. 记好作业 2. 课代表将作业发到微信群，提醒同学们准时完成	延伸课堂效果，巩固课堂所学
课后			利用微信群进行沟通，及时解答学生疑问	1. 完成作业 2. 利用微信群进行沟通，及时交流疑问	

附 件

贝尔宾团队角色自测问卷

对下列问题的回答，可能在不同程度上描绘了你的行为。每题有八句话，在这八句话中，选取贴近自己行为的选项，再请将总分 10 分分配给每题的选项。分配的原则是：最体现你行为的句子分最高，以此类推。最极端的情况，也可能是 10 分全部分配给其中的某一项。请根据你的实际情况，把分数填入后面的分析表中。

举例：

1. 我认为我能为团队做出贡献是：

A. 我能很快地发现并把握住新的机遇。(3 分)

B. 我能与各种类型的人一起合作共事。(1 分)

C. 我生来就爱出主意。(1 分)

D. 我的能力在于，一旦发现某些对实现集体目标很有价值的人，我就及时把他们推荐出来。(1 分)

E. 我能把事情办成，这主要靠我个人的实力。(2 分)

F. 如果最终能导致有益的结果，我愿面对暂时的冷遇。

G. 我通常能意识到什么是现实的，什么是可能的。

H. 在选择行动方案时，我能不带倾向性，也不带偏见地提出一个合理的替代方案。(2 分)

比如，我在这道题选：A、B、C、D、E、H，然后我按选项在我心中的重要性给分（总分 10 分），没选到的题号视为“0”分（即 3+1+1+1+2+0+0+2＝10），我将这些分数填写到后面的分析表中，其他题如此类推。全部填写完成以后，将纵向成绩相加，即为每种角色（共有八种角色：CW、CO、SH、PL、RI、ME、TW、FI）的分数。最后，将 CW、CO、SH、PL、RI、ME、TW、FI 中得分最高的 3 个圈起来并进行排列，这三个角色就是自己在团队中主要扮演的角色。

开始答题：

1. 我认为我能为团队做出贡献是：

A. 我能很快地发现并把握住新的机遇。

B. 我能与各种类型的人一起合作共事。

C. 我生来就爱出主意。

D. 我的能力在于，一旦发现某些对实现集体目标很有价值的人，我就及时把他们推荐出来。

E. 我能把事情办成，这主要靠我个人的实力。

F. 如果最终能导致有益的结果，我愿面对暂时的冷遇。

G. 我通常能意识到什么是现实的，什么是可能的。

H. 在选择行动方案时，我能不带倾向性，也不带偏见地提出一个合理的替代方案。

2. 在团队中，我可能有的弱点是：

A. 如果会议没有得到很好的组织、控制和主持，我会感到不痛快。

B. 我容易对那些有高见但又没有适当地发表出来的人表现得过于宽容。

C. 只要集体讨论新的观点，我总是说太多。

D. 我的客观看法，使我很难与同事们打成一片。

E. 在一定要把事情办成的情况下，我有时使人感到特别强势乃至专断。

F. 可能由于我过分重视集体的气氛，我发现自己很难与众不同。

G. 我易于陷入突发的想象之中，而忘了正在进行的事情。

H. 我的同事认为我过分注意细节，总有不必要的担心，怕把事情搞糟。

3. 当我与其他人共同进行一项工作时：

A. 我有在不施加任何压力的情况下，去影响其他人的能力。

B. 我随时注意防止粗心和工作中的疏忽。

C. 我愿意施加压力以换取行动，确保会议不是在浪费时间或离题太远。

D. 在提出独到见解方面，我是数一数二的。

E. 对于与大家共同利益有关的积极建议我总是乐于支持的。

F. 我热衷寻求最新的思想和新的发展。

G. 我相信我的判断能力有助于做出正确的决策。

H. 我能使人放心的是，对那些最基本的工作，我都能组织得井井有条。

4. 我在工作团队中的特征是：

A. 我有兴趣更多地了解我的同事。

B. 我经常挑战别人的见解或坚持自己的意见。

C. 在辩论中，我通常能找到论据去推翻那些不甚有理的主张。

D. 我认为，只要必须开始执行计划，我就有推动工作运转的才能。

E. 我有意避免使自己太突出或出人意料。

F. 对承担的任何工作，我都能做到尽善尽美。

G. 我乐于与工作团队以外的人进行联系。

H. 尽管我对所有的观点都感兴趣，但这并不影响我在必要的时候下决心。

5. 在工作中，我得到满足，因为：

A. 我喜欢分析情况，权衡所有可能的选择。

B. 我对寻找解决问题的可行方案感兴趣。

C. 我感到，我在促进良好的工作关系。

D. 我能对决策有强烈的影响。

E. 我能适应那些有新意的人。

F. 我能使人们在某项必要的行动上达成一致意见。

G. 我感到我的身上有一种能使我全身心地投入到工作中去的气质。

H. 我很高兴能找到一块可以发挥我想象力的天地。

6. 如果突然给我一件困难的工作，而且时间有限，人员不熟：

A. 在有新方案之前，我宁愿先躲进角落，拟定出一个解脱困境的方案。

B. 我比较愿意与那些表现出积极态度的人一道工作。

C. 我会设想通过用人所长的方法来减轻工作负担。

D. 我天生的紧迫感，将有助于我们不会落在计划后面。

E. 我认为我能保持头脑冷静，富有条理地思考问题。

F. 尽管困难重重，我也能保证目标始终如一。

G. 如果集体工作没有进展，我会采取积极措施去加以推动。

H. 我愿意展开广泛的讨论激发新思想，推动工作。

7. 对于那些在团队工作中或与周围人共事时所遇到的问题：

A. 我很容易对那些阻碍前进的人表现出不耐烦。

B. 别人可能批评我太重分析而缺少直觉。

C. 我有做好工作的愿望，能确保工作的持续进展。

D. 我常常容易产生厌烦感，需要一两个有激情的人使我振作起来。

E. 如果目标不明确，让我起步是很困难的。

F. 对于我遇到的复杂问题，我有时不善于加以解释和澄清。

G. 对于那些我不能做的事，我有意识地求助于他人。

H. 当我与对方发生冲突时，我没有把握使对方理解我的观点。

分析表

题号	选项	分数	选项	分数	选项	分数	选项	分数	选项	分数	选项	分数	选项	分数	选项	分数
1	G		D		F		C		A		H		B		E	
2	A		B		E		G		C		D		F		H	
3	H		A		C		D		F		G		E		B	
4	D		H		B		E		G		C		A		F	
5	B		F		D		H		E		A		C		G	
6	F		C		G		A		H		E		B		D	
7	E		G		A		F		D		B		H		C	
总计																
		CW		CO		SH		PL		RI		ME		TW		FI

第二课　与团队成员高效合作教学设计

<table>
<tr><td>教学单元/课</td><td colspan="5">第二单元第二课　与团队成员高效合作</td><td>授课教师</td><td>焦莹莹</td></tr>
<tr><td rowspan="2">教学对象</td><td colspan="2">授课专业</td><td colspan="2">授课班级</td><td>学生人数</td><td colspan="2">课时</td></tr>
<tr><td colspan="2">物流</td><td colspan="2">19 技师 3 班</td><td>36</td><td colspan="2">2</td></tr>
<tr><td>教学资源</td><td colspan="7">教材、微视频、案例、课件、彩色 A4 纸、剪刀、美工刀、胶棒、水彩笔等</td></tr>
<tr><td rowspan="2">教学内容分析</td><td colspan="2">使用的教材</td><td colspan="5">《交往与合作》</td></tr>
<tr><td colspan="2">地位与作用</td><td colspan="5">性格、能力不同的个体为了共同的目标来到一个团体，迅速融入团队与团队成员高效合作是一个团队顺利运转的第一步</td></tr>
<tr><td>学情分析</td><td colspan="7">1. 学生年龄较小，追求个性，缺乏合作精神
2. 学生在团队中不知道如何找准自身定位，遇到挫折易产生放弃的念头，对团队缺乏忠诚度</td></tr>
<tr><td>教学目标</td><td colspan="7">1. 知识目标：掌握个体积极融入团队的方法，了解与团队成员和谐相处的基本素养
2. 技能目标：主动融入团队，找准自身定位，与团队成员和谐相处，高效合作
3. 素养目标：养成团队意识和团队精神</td></tr>
<tr><td rowspan="2">教学重难点</td><td colspan="2">教学重点</td><td colspan="5">个体主动融入团队，学会协作，共同高效完成任务</td></tr>
<tr><td colspan="2">教学难点</td><td colspan="5">学会团结协作</td></tr>
<tr><td rowspan="2">教法学法</td><td colspan="2">教学方法</td><td colspan="5">任务导向、情景体验</td></tr>
<tr><td colspan="2">学习方法</td><td colspan="5">小组讨论、动手操作、反思总结</td></tr>
<tr><td colspan="8">教学过程</td></tr>
<tr><td colspan="2">教学环节</td><td>时间</td><td colspan="2">教师活动</td><td>学生活动</td><td colspan="2">设计意图</td></tr>
<tr><td>课前</td><td>布置课前作业</td><td></td><td colspan="2">云班课教学平台发布任务
1. 任务内容：
观看教学微视频《大雁为什么编队飞行》，回答以下问题：
（1）是什么把大雁凝聚在一起结队飞行的
（2）如果你是一只大雁，你想当领头雁还是雁群里的一只普通雁？请说明理由
（3）你还能列举出动物世界里哪些动物具备“团队作战”的特性？请写下来
2. 任务要求：
课前完成视频观看并回答问题</td><td>观看微视频，回答问题</td><td colspan="2">引导学生重温第一节课团队的构成要素，反思自己在团队中的角色，拓展对团队概念的理解</td></tr>
</table>

续表

教学环节		时间	教师活动	学生活动	设计意图
课中	1. 任务分组	10 分钟	上课前请每名同学选取一张自己喜欢的彩色 A4 纸 同学们观看课前微视频后问题回答的情况，让我想起了一句话——不想当将军的士兵都不是好士兵。因为在第二个问题里，多数学生都选择了当“领头雁”。说明大家都很有责任心，愿意在团队中分担最辛苦的工作。可嘴上说不行，我们得到“战场”上比试比试。看谁的团队最优秀，完成任务最高效 大家已经根据自己喜欢的颜色，手中拿到了一张彩色 A4 纸，现在请大家根据“七色花”（红橙黄绿蓝靛紫）的组合顺序，自由组合，形成新的团队	分组，准备接受任务	随机分组，打破学生原有交往圈，组成新的团队。团队磨合开始
	2. 布置任务	40 分钟	每一个小组就是一家“餐饮店” 1. 利用手中的彩色纸，制作出尽可能丰富且精致的一桌“饭菜”（20 分钟） 2. 团队讲解员做好解说准备（每组解说限时 3 分钟） 3. 评审团打分	明确目标、分工协作	通过情景模拟，促使学生积极投入团队活动，培养团队协作意识，找到高效合作的路径
	3. 学生自评、互评	20 分钟	根据评分表，组员自评、小组互评。评选出“食神”团队一个，“招牌菜”5 个	自评、互评	通过自评、互评，团队成员进一步明确角色定位

续表

教学环节		时间	教师活动	学生活动	设计意图
课中	4. 教师总结点评	10 分钟	其实刚才老师说的那句话还有后半句——但是当不好士兵的士兵绝对当不好将军。大家为了一个共同的目的聚到一起，形成一个群体，但成为一个“团队”却没有这么简单。通过情景模拟，大家对团队的构成要素、人员分工等方面肯定有了更深刻的体会。老师再来总结一下： 团队目标要一致，成员齐心共发力。人职匹配最重要，不是样样争第一。主动融入找定位，和谐团队扬名威。职场修炼路途远，提升技能靠团队		通过总结点评，巩固新知，升华主题
课后	作业布置		复习本课内容。结合今天的活动写一篇活动总结。内容包含以下几个方面： 1. 团队组成初期，小组如何分工，你所担任的角色是什么？ 2. 在制作“饭菜”过程中，小组合作出现了哪些困难，组长是如何处理的，你又做了哪些贡献？ 3. 你们小组成功（失败）的经验（教训）有哪些？你在团队中又要承担什么样的责任？ 4. 分析每一名团队成员在整个活动过程中的表现。他们身上有哪些优点值得你学习，又有哪些地方需要你引以为戒	回顾活动过程，分析成败原因，反思自身及团队成员的优劣势	通过反思总结，进一步体会团队高效合作的要素，发掘自身优点，明确在团队中的作用

第三课　处理团队冲突教学设计

<table>
<tr><td>教学单元/课</td><td colspan="3">第二单元第三课　处理团队冲突</td><td>授课教师</td><td>李兰兰</td></tr>
<tr><td rowspan="2">教学对象</td><td>授课专业</td><td>授课班级</td><td>学生人数</td><td colspan="2">课时</td></tr>
<tr><td>电商</td><td>19 电商 1 班</td><td>250</td><td colspan="2">2</td></tr>
<tr><td>教学资源</td><td colspan="5">职业核心能力教室、多媒体、云班课教学平台、大白板、彩笔、大白纸</td></tr>
<tr><td rowspan="2">教学内容分析</td><td>使用的教材</td><td colspan="4">《交往与合作》</td></tr>
<tr><td>地位与作用</td><td colspan="4">团队发展到一定阶段，必然出现团队冲突，这是不可避免的。团队冲突具有双面性，有积极的作用，例如：引发竞争，激发变革。但是，如果处理不当则会对团队合作造成伤害 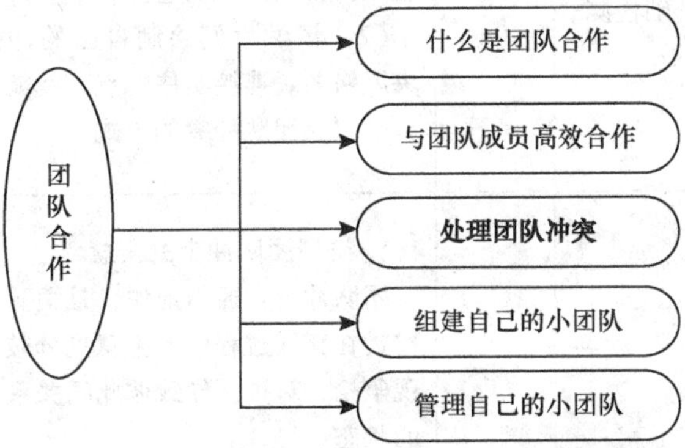
团队合作 → 什么是团队合作
团队合作 → 与团队成员高效合作
团队合作 → 处理团队冲突
团队合作 → 组建自己的小团队
团队合作 → 管理自己的小团队</td></tr>
<tr><td>学情分析</td><td colspan="5">1. 学生不喜欢枯燥的理论传授，喜欢在参与体验中学习；思考问题较浅显，不够理性深入
2. 学生对团队有初步认识，并已组建了团队。团队发展到一定阶段，可能出现了团队冲突</td></tr>
<tr><td>教学目标</td><td colspan="5">1. 陈述团队冲突的概念和类型
2. 灵活运用处理团队冲突的五种策略
3. 把握处理团队冲突的四条原则</td></tr>
<tr><td rowspan="2">教学重难点</td><td>教学重点</td><td colspan="4">区分团队冲突的类型，灵活运用五种策略处理团队冲突</td></tr>
<tr><td>教学难点</td><td colspan="4">运用四条原则，处理团队冲突</td></tr>
<tr><td rowspan="2">教法学法</td><td>教学方法</td><td colspan="4">讲授、案例分析、视频、游戏、故事</td></tr>
<tr><td>学习方法</td><td colspan="4">表演、小组合作、练习、游戏、案例分析</td></tr>
</table>

续表

<table>
<tr><th colspan="6">教学过程</th></tr>
<tr><th colspan="2">教学环节</th><th>时间</th><th>教师活动</th><th>学生活动</th><th>设计意图</th></tr>
<tr><td>课前</td><td>小组讨论和案例表演排练</td><td></td><td>1. 提前布置课前思考题，要求每组讨论并汇报讨论结果
2. 布置表演组根据课本案例排练
3. 组织各组派代表准备汇报讨论结果</td><td>1. 学生认真阅读课前思考题，组长组织组员讨论
2. 小组派代表准备汇报讨论结果</td><td>安排课前预习，激发学生对课题的兴趣，了解学生对处理团队冲突的认识程度</td></tr>
<tr><td rowspan="2">课中</td><td>1. 检查预习情况，进行学习基础检测</td><td>20 分钟</td><td>1. 组织小组汇报讨论结果
2. 组织表演组表演“阿莉和小娱的故事”，引出课题
3. 组织小测试
（1）请学生们填写《冲突方式处理风格自我测试问卷》（附件 1）
（2）请学生们绘制自己的冲突解决风格图。连接圈住的点，就能看到自己解决团队冲突的方式</td><td>1. 小组汇报
2. 课本剧表演
3. 填写问卷，绘制风格图</td><td>了解学生在学习本课题前对团队冲突的认识和处理能力，了解学生处理团队冲突的风格，激发学习兴趣</td></tr>
<tr><td>2. 学习团队冲突的概念和产生的原因</td><td>18 分钟</td><td>1. 讲授团队冲突的概念
团队冲突：通俗地说，是团队中的成员在交往过程中产生意见分歧，出现争论、对抗，导致彼此间关系紧张的状态
2. 讲授团队冲突产生的原因，分析相关案例
（1）个性特征不同
案例：罗阳的失落
（2）认知结构不同
案例：王明与张强
（3）角色立场不同
案例：钱军与赵武
（4）沟通不畅
（5）管理问题
3. 组织活动：作用力与反作用力
（1）学生两两一组，面对面地站着，分别举起双手，将自己的手掌与对方的手掌合在一起</td><td>1. 学习、理解团队冲突的概念
2. 学习、理解团队冲突产生的原因，阅读相关案例</td><td>认识团队冲突的概念和产生的原因</td></tr>
</table>

续表

教学环节		时间	教师活动	学生活动	设计意图
课中	2. 学习团队冲突产生的原因	18分钟	(2) 教师喊“开始”，然后大家必须用力地推对方的手掌，每个人都必须尽全力推对方，以推倒对方为胜 (3) 在不分上下的时候，如果一方悄悄松劲儿，会出现什么后果 (4) 互换角色体验一下 4. 活动小结 (1) 一个人当你跟他硬碰硬时，他就会变得越发强硬；但当你对他“施软”（好言相商）时，他往往会柔和下来，能听进去你的意见 (2) 在团队合作中产生争执是难免的，不要害怕这些争执。要注意运用策略，在陈述自己想法的同时要倾听别人的意见，如果别人说的对就加以采纳，但是如果自己的意见正确且需要坚持时，可以采用一些迂回的办法让对方保持冷静，并最终乐于听取意见	3. 接收活动规则，积极参与活动，活动后思考体会活动的意义，形成自己的感悟	认识团队冲突的概念和产生的原因
	3. 学习团队冲突的类型	8分钟	1. 提出问题：团队出现冲突一定是坏事吗？ 2. 讲授团队冲突的类型 (1) 讲授建设性冲突（激发竞争意识属于此类） (2) 讲授破坏性冲突（破坏性转为建设性） 3. 小结 在音乐会用的一架大钢琴中，243根琴弦在琴架上施加了40 000磅的拉力。这证明了，巨大的拉力可以产生美妙的“和声”。运用冲突，让不同的观点交锋。将破坏性的冲突转变成建设性冲突，将危机化为契机，碰撞出新的思想火花	1. 思考问题 2. 阅读教材中的故事 3. 认识冲突的类型	让学生学会区分团队冲突的类型，发现其积极意义，有意识地把破坏性冲突转为建设性冲突

续表

教学环节		时间	教师活动	学生活动	设计意图
课中	4. 学习处理团队冲突的策略	10 分钟	1. 播放《话说西游》视频，提出思考问题 （1）唐僧他们该如何解决团队中的冲突？ （2）要帮助唐僧他们，请先发挥你们的想象力，罗列出所有可以拿到芭蕉扇的方法 2. 讲授处理冲突的五种策略及结果	1. 观看《话说西游》视频，思考问题 2. 学习处理冲突的五种策略及结果	在熟悉的西游记故事中学习处理团队冲突的策略
	5. 学习处理团队冲突的原则	10 分钟	讲授处理团队冲突的原则 （1）分清类型，区别处理 案例：楚庄王绝缨 楚庄王打胜仗，设宴招待群臣，妃子许姬助兴。忽然一阵风将蜡烛吹灭，全场漆黑。有人趁黑调戏许姬被许姬扯下帽缨。庄王谅解其酒后失礼，命群臣拔掉帽缨后再点燃蜡烛。几年后，晋国来犯，楚庄王亲自领兵迎战。一将官异常奋勇，楚军大胜。楚王不解，将官道出原委，原来他就是当年酒后失礼之人 （2）及时反应，冷静对待 案例：老王，教材 P127 （3）换位思考，弄清真相 （4）明确策略，采取行动	学习处理团队冲突的原则，阅读分析案例	学习处理团队冲突的原则
	6. 实践演练	12 分钟	1. 回顾课本剧，小组讨论汇报如何使用处理团队冲突的原则化解案例中的冲突 （1）如果你是小娱，遇到阿莉这种同事，应该如何处理冲突？ （2）阿莉需要改进哪些问题？ （3）如果你是老总，如何避免小娱和阿莉发生冲突，发生了冲突又该如何化解？ 2. 组织小组讨论和汇报	1. 回忆课本剧 2. 小组讨论 （1）如果自己是小娱，遇到阿莉这种同事，应该如何处理冲突？ （2）阿莉需要改进哪些问题？ （3）如果自己是老总，如何避免小娱和阿莉发生冲突，发生了冲突又该如何化解？ 3. 小组汇报	以课本剧为引子，前后呼应，学习并灵活运用处理团队冲突的原则和策略

续表

<table>
<tr><th colspan="2">教学环节</th><th>时间</th><th>教师活动</th><th>学生活动</th><th>设计意图</th></tr>
<tr><td>课中</td><td>7. 评价反馈</td><td>10 分钟</td><td>1. 发放组间评价表（附件 2），组织小组互评
2. 发放课堂评价表（附件 3），组织自评、组内互评、教师评</td><td>1. 填写组间评价表，进行小组互评
2. 填写课堂评价表，进行自评、组内互评、教师评</td><td>各组评价完后，每组成员可以直接看出自己组得分，明确哪个部分好，哪个部分有待改进。教师没有过多参与，评价方式更为客观</td></tr>
<tr><td>课后</td><td>作业布置</td><td></td><td>作业：从你的学习或生活中选择一个比较典型的团队冲突，按照下列格式进行案例分析<table><tr><th>项目</th><th>内容</th></tr><tr><td>案例描述</td><td></td></tr><tr><td>原因分析</td><td></td></tr><tr><td>采取的策略</td><td></td></tr><tr><td>改进措施</td><td></td></tr><tr><td>个人感悟</td><td></td></tr></table></td><td>完成作业
回顾
巩固
延伸
提高</td><td>学以致用</td></tr>
</table>

附 件 1

冲突方式处理风格自我测试问卷

说明：请想象一下你的观点与另一个人观点产生分歧的情景，在此情况下你通常是怎样反应的？下列的几组陈述描述了可能出现的反应。请在最恰当描述你自己反应的陈述句前的字母处画圈。

1	A	有时我让他人承担解决问题的责任	B	与对方讨论分歧点，我试图强调我们的共同之处
2	A	我试图找到一个妥协性解决方法	B	我试图考虑到双方都关心的所有方面
3	A	我通常坚定地追求自己的目标	B	我可能尝试缓和对方的情绪，来保持我们的关系
4	A	我试图找到一个妥协性方案	B	我有时牺牲自己的意志去成全他人的愿望
5	A	在制订解决方案时我总是争取获得对方的协助	B	为避免不利的紧张状态，我做一些必要的努力
6	A	我努力避免给自己造成不愉快	B	我力求使自己的立场获胜
7	A	我试图推迟对问题的处理，使自己有时间考虑一番	B	我放弃某些目标作为交换以获得其他目标
8	A	我通常坚定地追求自己的目标	B	我试图将问题的所有方面尽快摆在桌面上
9	A	感到意见分歧并不总是令人担心	B	为达到我的目的，我做一些努力
10	A	我坚定地追求自己的目标	B	我试图找到一个妥协方案
11	A	我试图将问题的所有方面尽快摆到桌面上	B	我可能努力缓和他人的情绪从而维持我们的关系
12	A	我有时避免选择可能产生矛盾的立场	B	如对方做一些妥协，我也将有所妥协
13	A	我采取折中的方案	B	我极力阐明自己的观点

续表

14	A	我告知对方我的观点，询问对方的看法	B	我试图将自己立场的逻辑和利益显示给对方
15	A	我可能试图缓和他人的情绪从而维持我们的关系	B	为避免紧张状态，我做一些必要的努力
16	A	我试图不伤害他人的感情	B	我试图劝说对方接受自己观点的长处
17	A	我通常坚定地追求自己的目标	B	为避免不利的紧张状态，我做一些必要的努力
18	A	如能使对方感觉愉快，我可能尊重并允许对方保留观点	B	如对方有所妥协，我也将做一些妥协
19	A	我试图将问题的所有方面尽快摆在桌面上	B	我试图推迟对问题的处理，使自己有时间做一番考虑
20	A	我试图立即对分歧之处进行协调	B	我试图为我们双方找到一个公平的得失组合
21	A	在进行谈判调解时，我试图考虑到对方的愿望	B	我总是倾向于对问题进行直接商讨
22	A	我试图找到一个界于我与对方之间的位置	B	我极力主张自己的愿望
23	A	我一贯坚持尽量满足我们双方所有的愿望	B	有时我让他人承担解决问题的责任
24	A	如果对方观点对自身十分重要，我会试图满足其愿望	B	我试图与对方妥协解决问题
25	A	我试图将自己立场的逻辑与利益显示给对方	B	在进行谈判调解时，我试图考虑到对方的愿望
26	A	我采取折中的方案	B	我几乎总是关心满足我们所有的愿望
27	A	我有时避免采取可能产生矛盾的姿态	B	如能使对方愉快，我可能让对方保留其观点
28	A	我通常坚定地追求自己的目标	B	在找出解决方案时，我通常求得对方的帮助
29	A	我采取折中的方案	B	我觉得分歧之处不总是值得担心
30	A	我试图不伤害对方的情感	B	我总是与对方共同承担解决问题的责任

测试结果统计

姓名：　　　　　　　　班级：

在每组问题所选的字母上画圈：

1				A	B
2		B	A		
3	A				B
4			A		B
5		A		B	
6	B			A	
7			B	A	
8	A	B			
9	B			A	
10	A		B		
11		A			B
12			B	A	
13	B		A		
14	B	A			
15				B	A
16	B				A
17	A			B	
18			B		A
19		A		B	
20		A	B		
21		B			A
22	B		A		
23		A		B	
24			B		A
25	A				B
26		B	A		
27				A	B
28	A	B			
29			A	B	
30		B			A
每一列中被画圈字母的总数					
	竞争	合作	妥协	回避	迁就

冲突解决风格图

请绘制自己的冲突解决风格图，连接圈住的点，形成线条，这就是你解决冲突的方式。

30	
29	
28	
27	
26	
25	
24	
23	
22	
21	
20	
19	
18	
17	
16	
15	
14	
13	
12	
11	
10	
9	
8	
7	
6	
5	
4	
3	
2	
1	
0	

竞争　回避　迁就　妥协　合作

冲突解决风格图

附 件 2

组间评价表

组别	合作积极性	成员参与度	展示效果	备注
第一组				
第二组				
第三组				
第四组				

说明：每组持有的3个😊磁贴，全员商议后根据实际情况，公平、客观地给予其他组评价（不能给自己组评）。

评价结果：每组可以直接看出自己组的得分，哪个部分得😊比较多，意味着哪个部分做得比较好；纵横比较，还可以清晰了解自己组与其他组的差别。教师没有过多参与，评价结果更为客观。

附 件 3

课堂评价表

组别： 姓名：

考核项目	评价依据	项目分值	自我评价	组员评价	教师评价
考勤纪律	1. 准时到课（5分） 2. 遵守上课纪律要求（5分）	10分			
课堂表现	1. 认真倾听（5分） 2. 积极思考（5分） 3. 踊跃发言（10分）	20分			
学习效果	1. 能判断团队冲突的类型（10分） 2. 能分析团队冲突的原因（10分） 3. 能运用策略和原则化解团队冲突（20分）	40分			
素养表现	1. 积极配合完成小组学习任务（10分） 2. 积极参与小组讨论（10分） 3. 流畅展示小组成果（10分）	30分			
		合计			

说明：每个人都参与自我评价和组内互评，根据实际情况，公平、客观地给自己和其他组员打分，教师根据观察的情况给学生打分。三个分取平均值为该名同学本节课的上课表现分。

第四课　组建自己的小团队教学设计 1

<table>
<tr><td>教学单元/课</td><td colspan="3">第二单元第四课　组建自己的小团队</td><td>授课
教师</td><td>袁晓峰</td></tr>
<tr><td rowspan="2">教学对象</td><td>授课专业</td><td>授课班级</td><td>学生人数</td><td colspan="2">课时</td></tr>
<tr><td>美容与造型</td><td>19 美容与造型 1 班</td><td>30 人</td><td colspan="2">2</td></tr>
<tr><td>教学资源</td><td colspan="5">PPT、教材、互动学习平台、QQ 群班班通、学习工作台（5 组）、移动白板、扩音器、白板笔、A4 纸、彩色卡纸、教材</td></tr>
<tr><td rowspan="2">教学内容
分析</td><td>使用的教材</td><td colspan="4">《交往与合作》</td></tr>
<tr><td>地位与作用</td><td colspan="4">本课承接第二单元前三课团队合作的理论知识，是学生对团队合作知识的综合运用</td></tr>
<tr><td>学情分析</td><td colspan="5">1. 优势：学生具有一定的团队合作理论基础，能够认识自身性格特点；喜欢新颖的课堂形式；对翻转课堂的学习模式有一定了解
2. 劣势：学生自制力较弱，学习的目标性不强，组建团队的经验太少，缺乏整合知识形成内在逻辑的能力</td></tr>
<tr><td>教学目标</td><td colspan="5">1. 陈述组建团队所需要的关键要素
2. 组建自己的小团队
3. 感受小组合作的魅力，培养团队精神，在生活中主动与他人合作</td></tr>
<tr><td rowspan="2">教学重难点</td><td>教学重点</td><td colspan="4">组建自己的小团队</td></tr>
<tr><td>教学难点</td><td colspan="4">在生活中运用所学的方法和技巧组建小团队</td></tr>
<tr><td rowspan="2">教法学法</td><td>教学方法</td><td colspan="4">头脑风暴、小组合作、任务驱动、案例分析</td></tr>
<tr><td>学习方法</td><td colspan="4">自主学习、讨论、练习</td></tr>
<tr><td colspan="6">教学过程</td></tr>
<tr><td colspan="2">教学环节</td><td>时间</td><td>教师活动</td><td>学生活动</td><td>设计意图</td></tr>
<tr><td>课前</td><td>布置课前作业</td><td></td><td>1. 发布课前任务：当我们要临时组建一个小团队去攻克难题时，你认为我们在组建过程中，应该把握哪几个重点？
2. 设置情境：你作为美容店临时店长，想要完成一个月 10 万元的营业额，你将如何带领你的团队实现目标？</td><td>1. 阅读教材，大致了解内容
2. 思考任务，做市场调研</td><td>学生课前做工作，为上课活动做准备</td></tr>
</table>

续表

教学环节		时间	教师活动	学生活动	设计意图
课前	布置课前作业		3. 布置任务：撰写你想要实现此目标的计划书。要求：（1）计划书内包括你的团队要实现的目标与计划。（2）为团队设定相应的工作规则，明确分工情况。（3）说明你是如何将任务下达给团队其他成员的	3. 撰写计划书	学生课前做工作，为上课活动做准备
课中	任务驱动	80分钟	1. 设置任务一：设定小团队的目标与计划。组织小组游戏活动：盲数排序。要求：（1）所有参与者不可以说话。（2）每人一张扑克牌，不可以看自己的牌面，贴在脑门上。（3）按照扑克牌显示的数字以最快的速度从大到小进行排序。引导学生进行游戏总结，在游戏的过程中体会明确小团队目标与制订计划的重要性 2. 设置任务二：确立小团队的工作规则。组织活动：小组讨论，将你的计划书里团队的工作规则摘抄出来写到彩纸上，贴到白板上。引导学生互相评价，教师评价后总结 3. 设置任务三：明确分工、保障执行。组织头脑风暴：假如西游团队必须裁掉一个人，请问你觉得裁掉谁最合适？引导学生进行思考和总结 4. 讲授“每个人都有明确的岗位职责”理论 5. 设置任务四：你如何向你的团队成员下达任务？ 6. 名言展示，提出问题：“其身正，不令而行；其身不正，虽令不从。”你是怎么理解这句话的？在团队中你作为临时店长，设定的规则自己要不要执行？	1. 全员参与游戏，写出感悟 2. 以小组为单位上台展示小组设立的工作规则。组间互评，完成诊断与补充。明确团队工作的基本规则、团队的工作流程、团队的决策规则、团队成员的行为准则 3. 学生分析每个人在团队中的角色 4. 小组讨论，将计划书里你如何下达任务的部分摘抄出来写到彩纸上，贴到白板上。小组互评：哪位临时店长的任务下达最合理？ 5. 以小组为单位交流观点，选派代表回答	任务驱动，使学生更容易全身心地投入到课堂活动中 头脑风暴，锻炼学生的思维力和创新意识 讨论，提高学生的语言表达能力和参与度，使学生都能够参与到课堂活动中去
课后	巩固提升		布置任务：根据本课内容，完善你的计划书，并试着画出思维导图。将你的思维导图发到班级QQ群里，互相找出优势与不足	完成任务：根据本课内容，完善计划书，并画出思维导图。将思维导图发到班级QQ群里，互相找出优势与不足	进一步巩固提升

第四课　组建自己的小团队教学设计 2

<table>
<tr><td>教学单元/课</td><td colspan="4">第二单元第四课　组建自己的小团队</td><td>授课教师</td><td>赵永红</td></tr>
<tr><td rowspan="2">教学对象</td><td>授课专业</td><td colspan="2">授课班级</td><td>学生人数</td><td colspan="2">课时</td></tr>
<tr><td>铁道工程</td><td colspan="2">19 铁工班</td><td>35 人</td><td colspan="2">2</td></tr>
<tr><td>教学资源</td><td colspan="6">教材、教师课件、专业书籍</td></tr>
<tr><td rowspan="2">教学内容分析</td><td>使用的教材</td><td colspan="5">《交往与合作》</td></tr>
<tr><td>地位与作用</td><td colspan="5">本节课内容既是对前面知识的延伸，又为第五课奠定基础。选取这一课作为教学内容，旨在让学生掌握组建团队所需要的相关知识，有意识地培养学生组建小团队的能力</td></tr>
<tr><td>学情分析</td><td colspan="6">1. 学生已知：团队成员高效合作的方法
2. 学生未知：组建小团队所需要的相关知识
3. 学生能知：组建小团队的关键要素
4. 学生想知：是否具备成功组建小团队的能力
5. 学生怎么知：反复模拟完成任务</td></tr>
<tr><td>教学目标</td><td colspan="6">1. 陈述组建小团队的关键要素
2. 培养组建自己小团队的能力
3. 提升团队合作意识</td></tr>
<tr><td rowspan="2">教学重难点</td><td>教学重点</td><td colspan="5">组建自己小团队的关键要素</td></tr>
<tr><td>教学难点</td><td colspan="5">培养组建小团队的能力</td></tr>
<tr><td rowspan="2">教法学法</td><td>教学方法</td><td colspan="5">读书指导、任务驱动</td></tr>
<tr><td>学习方法</td><td colspan="5">自主学习、探究学习、合作学习</td></tr>
<tr><td colspan="7">教学过程</td></tr>
</table>

<table>
<tr><td colspan="2">教学环节</td><td>时间</td><td>教师活动</td><td>学生活动</td><td>设计意图</td></tr>
<tr><td>课前</td><td>布置课前作业</td><td></td><td>指导学生阅读思考翻转课堂内容</td><td>阅读思考翻转课堂内容</td><td>课前学习翻转课堂内容，了解本课内容</td></tr>
</table>

续表

教学环节		时间	教师活动	学生活动	设计意图
课中	1. 初做任务	20分钟	布置任务：完成××山区控制点复测	1. 由测量专业成绩好的6人现场招募4~5名同学组建施测团队，完成分组 2. 分工合作完成任务 3. 展示本组模拟任务完成情况 4. 自我评价本组任务完成情况	允许学生在没有学习本课内容的情况下尝试完成任务，先犯错误，以便在实践中了解组建小团队的关键要素
	2. 自主学习	20分钟	引导学生自主学习教材内容	1. 自主学习教材内容，掌握组建小团队的三个关键要素：设定小团队的目标与计划，确立小团队的工作规则，明确分工、保障执行 2. 思考自己做任务时没有考虑到的地方以及怎么改进	自主学习、思考，让学生认识到自己完成任务时要完善的地方
	3. 复做任务	25分钟	分组指点学生复做任务时需要注意的问题	1. 对前期模拟任务进行复做、修正 2. 展示本组复做任务 3. 说明自己组前后任务完成不同之处 4. 谈谈本组收获 5. 对其他小组评分	复做任务是为了让学生把所学教材内容再实践一遍，以便学生真正掌握组建小团队的关键要素，能够成功组建自己的小团队

续表

教学环节		时间	教师活动	学生活动	设计意图
课中	4. 教师点评	10分钟	1. 点评各组做得好的地方和不足 2. 在点评的过程中强调组建小团队应掌握的关键要素 3. 给各小组打分	1. 听教师点评，明确自己组的不足和优势 2. 点评过程中，复习组建小团队的关键要素 3. 思考优化自己的任务	教师点评既是对本课内容的小结，又让学生认识到自己做任务时的不足和优势，让学生思考并完善自己的任务完成情况
	5. 教学评价	5分钟	1. 组织大家把小组自评、互评、教师评价结合起来打分 2. 对得分排前两名的小组，给予适当奖励	计算各组得分	设置教学评价环节是为了实施激励机制，促使学生更好地完成任务
课后	作业布置		作业：整个班级组建中铁七局郑州地铁10号线第二施工项目部，三年内完成郑州地铁第二标段施工工作。完成组建报告并提交	完成作业	布置作业是为了更好地巩固本课所学知识，提高学生解决问题的能力

第五课　管理自己的小团队教学设计

<table>
<tr><td>教学单元/课</td><td colspan="3">第二单元第五课　管理自己的小团队</td><td>授课教师</td><td>王林林</td></tr>
<tr><td rowspan="2">教学对象</td><td>授课专业</td><td colspan="2">授课班级</td><td>学生人数</td><td>课时</td></tr>
<tr><td>电子商务</td><td colspan="2">19 级商务</td><td>38</td><td>2</td></tr>
<tr><td>教学资源</td><td colspan="5">多媒体一体化教室、白板、白板笔、网络视频网站、云班课平台、手机、课本、多媒体设备、授课 PPT、微视频</td></tr>
<tr><td rowspan="2">教学内容分析</td><td>使用的教材</td><td colspan="4">《交往与合作》</td></tr>
<tr><td>地位与作用</td><td colspan="4">在团队中如何发挥组织者、领导者的作用，需要充分掌握人际交往、团队合作中的各个要点，因此本课是对前面所有章节的概括，只有你学懂弄通前面所说的人际交往、团队合作的要点，才能在管理自己的小团队方面达到成功的标准</td></tr>
<tr><td>学情分析</td><td colspan="5">1. 学生正处在十六七岁的年龄，渴望被别人认可，又在和别人交往、合作中碰壁无数，对于方法技巧迫切需要
2. 学生厌烦枯燥的理论学习，对于情景式小剧场模式兴趣浓厚
3. 学生怀疑自己没有能力组建小团队，充当领导角色
4. 学生经过前面几个章节的学习，对于人际交往、团队合作过程中的技巧有了一定的理论基础，但缺乏实践经验</td></tr>
<tr><td>教学目标</td><td colspan="5">1. 破：学生缺乏管理团队经验，可让学生联系实际，梳理班主任在管理班级过程中的优缺点，帮助自己掌握管理小团队的方法和技巧
2. 立：让学生自制情景剧，在实践中体验、思考管理小团队技巧，从而内化为自己的能力
3. 用：邀请职场达人进课堂与学生互动交流，让学生更深刻地认识到管理小团队的要点不光要了解，更要在实践中应用</td></tr>
<tr><td rowspan="2">教学重难点</td><td>教学重点</td><td colspan="4">熟练地陈述管理小团队的方法和技巧</td></tr>
<tr><td>教学难点</td><td colspan="4">在实践中运用所学的技巧和方法</td></tr>
<tr><td rowspan="2">教法学法</td><td>教学方法</td><td colspan="4">情景模拟、讨论、分析、对比、启发式教学</td></tr>
<tr><td>学习方法</td><td colspan="4">联系实际、体验式学习、合作式学习、讨论</td></tr>
</table>

续表

教学过程					
教学环节		时间	教师活动	学生活动	设计意图
课前	布置课前作业		1. 通过云班课平台发布课前任务 (1) 让班委联系实际想想平时班主任在管理班级过程中，对班委的管理是如何进行的 (2) 让其余同学联系实际想想，在校园生活中，自己反感班主任的哪种批评方式？喜欢哪种表扬的方式？ 2. 自制情景小视频 3. 教师答疑	1. 通过云班课平台接收任务 2. 利用晚自习联系实际整理出班主任批评、表扬方式的优缺点 3. 自制情景小视频上传至云班课平台 4. 学生可在平台内提出疑问	1. 班级本身也是一个团队，班主任相当于团队管理者。在平时班级管理中，带头人的作用发挥得如何、对学生的奖惩机制如何，学生心里也有评价，通过学生评价，可以窥测出学生心里对团队管理者的意见 2. 让学生自制情景剧，开展体验式学习，通过模拟真实情景让他们切实感受到他们喜欢的团队管理模式是什么样子的

续表

教学环节		时间	教师活动	学生活动	设计意图
课中	1. 引导课堂	25 分钟	1. 组织上课，学习平台签到 2. 引导学生说出心中真实想法 3. 充当班主任角色，根据学生表述模拟情景 4. 随时追加提问，挖掘学生深层次想法 5. 总结学生活动中流露出的想法	1. “大声说出来——班委篇”，班委说出班主任在布置任务或者授权他们完成任务时，有什么优缺点，说出班主任在班级管理中的角色 2. “大声说出来——同学篇”，这一环节同学上台以情景模拟、抒发内心所感等方式探讨一下平时班主任在批评、表扬同学过程中自己赞赏或者厌烦的点	以情景模拟的方式激发学生的参与热情，增加学生的带入感
	2. 学生主导，教师引导	30 分钟	1. 组织课堂 2. 播放学生上传的微视频 3. 点评视频	1. 观看视频 2. 发表观点 3. 给视频打分 4. 选出自己的理想模式，并解释原因	通过自制情景剧这种学生易于接受的方式，让学生在笑声中思考，引导学生找出在管理自己小团队的过程中授权、批评、激励的高效方法
	3. 邀请职场达人进行评价	20 分钟	1. 倾听 2. 反思总结	1. 与职场达人交流 2. 提出疑问 3. 反思总结	学生与职场达人面对面交流，可以弥补课堂脱离职场的缺点

续表

教学环节		时间	教师活动	学生活动	设计意图
课中	4. 评价	10分钟	云班课平台评价	云班课平台评价	课堂反馈有助于教师、学生及时弥补不足
课后	总结		完成总结梳理的任务	通过云班课平台发布任务	完成对课堂所学的梳理